DEUTSCHE HEILERSCHULE

www.deutsche-heilerschule.de

AF204221

Sebastian Lichtenberg, Brigitte Seidl

Heilkraft der Affirmationen

Gesundheit für Körper und Geist

DEUTSCHE HEILERSCHULE

www.deutsche-heilerschule.de

© 2016 Sebastian Lichtenberg, Brigitte Seidl

Verlag: Deutsche Heilerschule U.G., München

ISBN
Paperback: 978-3-9818063-0-4

e-Book: 978-3-9818063-2-8

Printed in Germany

Inhalt

Vorwort

Liebe Leserinnen und Leser,

vielleicht habt ihr ja schon mal ein Buch zum Thema Affirmationen und die Kraft der Gedanken in der Hand gehabt oder gelesen. Aber möglicherweise ist dies ja auch das erste Buch zu diesem Thema, zu dem ihr gegriffen habt oder das ihr geschenkt bekommen habt. Falls dies der Fall ist, können wir nur sagen, dass dieses Buch möglicherweise einen Schritt in ein neues Leben für dich bedeutet.

Wir haben es Heilkraft der Affirmationen genannt, aber du kannst es auch „Der Schöpfer in Dir" oder „Selbstermächtigung" oder was auch immer dazu sagen. Je nachdem, in welchem grundsätzlichen Lebensprinzip du gerade verweilst.

Aus unserer Sicht leben wir in einem Universum, das wir selbst erschaffen. Der Schöpfer oder das Schöpfungsprinzip hat die Welt nicht erschaffen, sondern ist aus der Welt gewachsen. Von diesem Aspekt betrachtet, sind wir alle spezifische Bestandteile eines vitalen Ganzen, und alles ist eins, ein Informations-Hologramm.

Durch dieses Schöpfungsprinzip ist es unwesentlich, auf welcher Ebene du diese Ganzheit ansprichst ob materiell, emotional, mental oder spirituell. Offensichtlich sind wir es, unser „Selbst", welches mit uns in Kontakt steht. Aus der Alleinheit entstanden, sind wir immer in Kontakt mit dem höchsten Geistigen und haben daher auch immer eine Verbindung oder „Draht" zu allem was ist. Das Universum, sprich unsere Realität, reagiert und antwortet uns immer auf das, was wir aussenden.

Hierauf gibt es nur zwei Fragen: „Was senden wir aus?" und „kann ich die Antwort hören und verstehen?"

Damit wir in Zukunft besser verstehen und die Antworten übersetzen können, haben wir in diesem Büchlein Techniken mit Affirmationen geschrieben, welche sowohl körperliche, sprich materielle Aspekte unseres eigenen Universums, wie auch Lebensthemen, also emotionale und mentale Aspekte wiederspiegeln.

Je offener und kindlicher du mit diesen Techniken umgehst, desto weniger Wiederstand baust du auf, und desto weniger gibt es zu tun.

Veredele deinen Charakter im Sinne deiner eigenen Vorstellungen und erhalte neue Möglichkeiten, dein Leben sanft, einfach und glücklich zu leben.

Viel Spaß und vor allem Erfolg wünschen dir

Brigitte & Sebastian

Beseelt

Affirmationen, die dein Leben verändern

Wenn du an die Redensart glaubst, dass du das bist, was du denkst, dann leitet sich dein Leben wirklich von deinem Denken ab. Aber wir können uns nicht völlig auf unsere Gedanken verlassen; wir müssen unsere Gedanken in Worte übersetzen und letztendlich in Handlungen, damit sich unsere Intentionen manifestieren. Das bedeutet, dass wir sehr sorgsam die Wörter wählen müssen, damit wir nur die benutzen, die uns guttun und unsere höchsten Güter kultivieren.

Affirmationen helfen uns, unsere Gedanken zu reinigen und die Dynamik unseres Verstandes neu zu strukturieren, sodass wir wirklich beginnen anzunehmen, dass nichts unmöglich ist. Das Wort *Affirmation* stammt vom lateinischen Wort *affirmare*, das ursprünglich „etwas befestigen, bekräftigen" bedeutet.

Tatsächlich stärken uns Affirmationen, indem sie uns helfen, an das Potential einer Handlung zu glauben, das sich wunschgemäß in dieser Handlung voll manifestieren möge. Wenn wir verbal unsere Träume und Ambitionen affimieren, werden wir sofort durch ein Gefühl der Vergewisserung bestärkt, dass die Worte, die unsere Wünsche ausdrücken, Realität werden.

Affirmationen sind bewährte Methoden der Selbstvervollkommnung, weil sie die Kraft haben, unsere Gehirne (rechte und linke Gehirnhälfte) neu zu „verdrahten". Ganz ähnlich wie es beim Üben und Trainieren jeglicher Art der Fall ist, heben Affirmationen den Pegel von Wohlgefühl-Hormonen (z.B. Serotonin und Dopamin) und stoßen unseren Verstand an, neue Cluster von Neuronen „positiven Denkens" für die Sequenz Denken-Sprechen-Handeln zu bilden. Affirmationen spielen eine wesentliche Rolle, negative Denkmuster und dadurch negatives Sprechen und negatives Handeln zu durchbrechen.

Die Kunst des gesprochenen Wortes ist entscheidend für das Gestalten unserer Zukunft. Es gibt keine leeren

Worte, denn jede Silbe, die wir sprechen, aktiviert Energie, die für oder gegen uns gerichtet ist. Wenn du stets sagst „Ich kann nicht", dann wird die Energie dieser Worte die universelle Kraft gegen dich aufbringen. Wenn du aber sagst „Ich kann das!", dann wird dich die Existenz mit den Fähigkeiten ausstatten, genau das zu tun. So sprich es frei aus, lass deine Ängste los und mach dich frei von deinem Groll, bestimme deine eigene Zukunft und lebe dein volles Potential, indem du mit den über 100 Affirmationen arbeitest, die dein Leben verändern werden:

Jede einzelne der Billionen Zellen deines Körpers speichert und erinnert sich an jedes Ereignis, jedes Gefühl und jeden Gedanken, die du jemals erlebt hast.

Der Körper ist eine Lagerhalle des Gedächtnisses! Viele Forscher sprechen vom „body-mind" - Körper-Geist.

Forschungen zeigen, dass das Gehirn nicht das einzige Gefäß für das Gedächtnis ist. Wir sprechen von Körpergedächtnis, wenn wir für genug Wiederholung sorgen, sodass Bewegungsfunktionen automatisch ausgeführt werden. Es ist ehrfurchtgebietend zu erkennen, dass jede Zelle unseres Körpers jedes Ereignis unseres Lebens aufzeichnet, ohne dass es dazu einer bewussten Anstrengung unsererseits bedarf.

Blockierungen sind wie Dämme stockender Energie in Form von Gedächtnisinhalten, die bewegt und freigelassen werden müssen. Mängel und Begrenzungen in unseren Leben sind definiert durch die Auswirkungen nicht unterstützender Glaubenssätze, die im unbewussten Körper-Geist gespeichert sind. Diese nicht förderlichen Glaubenssätze sind wie die Überzeugungen, nicht gut oder nicht klug genug zu sein. Und chronisch energieraubende Gefühle wie Groll, Schwermut, Schuld, Scham, Angst und Sorge leisten auch ihren Beitrag, dass sich Mangel und Begrenzungen in unserem Leben manifestieren.

Um unsere Lebensenergie auszubalancieren und unseren normalen freudvollen Zustand wiederherzustellen, müssen wir unsere Denkmuster, Grundüberzeugungen und unsere Ess- und Lebensgewohnheiten überprüfen. Neues Gewahrsein kreiert neue neuronale Verbindungen. Wir beginnen aufzublühen, statt nur zu überleben.

Unsere neue Realität wird durchweg durch höhere emotionale Schwingungen konstituiert.

Affirmatives Denken wird dein Denken neu vernetzen

Um zu einem Leben voller Kraft zu kommen, müssen wir unsere Worte so wählen, dass sie unserem Selbst entsprechen. Affirmationen sind Mittel, innere Schwäche gegen positive Stärke auszutauschen.
Indem du eine Affirmation immer und immer wiederholst, wird sie eingebettet in dein Unterbewusstsein und wird schließlich zu deiner Realität.

Bernie Siegel

Deine Realität, die Situationen um dich herum und die Ereignisse in deinem Leben werden kreiert durch die Energie deines inneren Seins. Dieses innere Sein basiert sich auf Grundlage verschiedener Faktoren. Dazu zählen jeder Gedanke, jedes Gefühl und jede Handlung, an denen du beteiligt gewesen bist. Dein inneres Sein ist stark oder schwach, je nachdem, wie du dich mit dir selber fühlst und welches Verständnis du hast von der Natur von Energie und von der metaphysischen Realität.

Jeder Gedanke und jedes Gefühl, die du über dein Leben hast, egal wie unerheblich sie sind, kreieren die Ereignisse, die auf dich zukommen. Tatsächlich ist die Zukunft, metaphysisch gesehen, bereits um uns, und die „Ereignisse bewegen sich auf uns zu". Aufgrund des Gesetzes der Anziehung ziehst du Situationen an, die genau deinen unbewussten Erwartungen entsprechen. Das, was du als Realität erntest, ist die Spiegelung deines inneren Seins.

Was immer du heute in Bezug auf dein Leben denkst und fühlst, es bildet das Gerüst, das die Ereignisse strukturiert, die du nächste Woche oder nächsten Monat erleben wirst. Wenn die Zeit kommt, wirst du die kleineren Details auffüllen, aber die Hauptmerkmale der Ereignisse werden bereits erschaffen worden sein.

Wenn du wissen willst, wie es dir im Leben geht, dann stell dir folgende Frage: „Erlebe ich die meiste Zeit in meinem Leben großartige Dinge?" Wenn die Antwort „Ja" lautet, dann ist dein inneres Selbst gesund und seine Großartigkeit kommt gut zum Tragen.

Aber falls du umgeben bist von Mangel oder wenn es Negativität in deinem Leben gibt, dann ist dein inneres

Selbst ausgehöhlt und verkörpert ein bestimmtes Maß an Negativität. Dann ist es Zeit für dich, „die Hemdsärmel hochzukrempeln" und zu beginnen, an deiner Lebensqualität zu arbeiten. Affirmationen sind Werkzeuge, die du dazu benutzt. Es gibt keine Situation, die du nicht ändern kannst. Es gibt nichts, was jenseits deiner Fähigkeiten liegt.

Aber zunächst darfst du akzeptieren, dass du die volle Verantwortung für dein Leben hast. Jedes Ereignis, ob gut oder schlecht, ist ein Teil dessen, der/die du bist. Das Ereignis wird ausschließlich durch dich kreiert, und es gibt niemand sonst, der es für dich tut, weder der Schöpfer noch eine andere äußere Macht. Nur du bist federführend, nur du.

Wenn du dir das vorstellen kannst, wenn du das in deinem Geist wirklich berühren, schmecken, fühlen, sehen und als wahr annehmen kannst, dann wird es zu einem Teil deines Lebens.

Positive Affirmationen sind dazu da, negative Glaubenssätze herauszufordern und in Frage zu stellen. Affirmationen schwächen den Fluss negativer Gedanken und

Worte, die die begrenzenden Glaubenssätze zu bestätigen versuchen.

Affirmationen sind mehr als nur das Wiederholen von Worten. Es ist ein umfassender Vorgang, sich im täglichen Leben der eigenen Gedanken und Worte bewusst zu werden und sich dafür zu entscheiden, positive und freudige Gedanken zu fassen und zu hegen. Je mehr es dir gelingt, bewusst den Geist deiner Affirmationen in deine täglichen Gedanken und Wörter einzubringen, desto schneller werden sie für dich arbeiten.

Eine Affirmation ist faktisch die Bekundung von Worten, eines Gedankens, eines Gefühls oder einer Handlung, um ein Glaubensmuster, das du hast, zu unterstreichen oder zu bestätigen. Es gibt negative und positive Affirmationen.

„Positive Affirmationen" sind normalerweise kurze positive Bekundungen die auf ein bestimmtes unterbewusstes Glaubensmuster gerichtet sind. Du kannst sie benutzen, um negative Glaubenssätze in Frage zu stellen, sie zu untergraben und sie durch positive, sich selbst nährende Glaubenssätze zu ersetzen. Es ist eine Art „Gehirnwäsche". Es ist ausschließlich deine Sache auszuwählen, welche negativen Glaubenssätze wegzuwaschen sind. Wie diese Bekundungen konstruiert sind, ist ein äußerst wichtiger Punkt.

Affirmationen und Verneinungen dienen dem Zweck, falsche Gedankenmuster zu löschen und richtige zu etablieren. Im Gegensatz stehende positive Affirmationen neigen dazu, neue Gedankenmuster zu etablieren, die genauso automatisch arbeiten, wie es negative getan haben, wenn sie oft und beständig praktiziert wurden.

Die ganze Theorie von Affirmation und Negierung bei der Transformation der Psyche basiert auf dem Verständnis, dass das geistige Prinzip des Menschen (Mind-Principle) die innere Bedeutung der Wörter und die durch sie getragenen Gefühle übernimmt, die unsere bewusste Psyche, unser Verstand, ausspricht. Das geistige Prinzip ist wie ein Spiegel. Darum muss die Behauptung oder Zustimmung Anzeichen liefern, dass unser gesamtes inneres Sein dazu bewogen wird, der von uns getätigten Affirmation zuzustimmen, ob es sich nun um eine Darstellung zu Themen wie Ernährung, Gesundheit, Glück oder Erfolg handelt.

Wir affirmieren nicht die Worte, die wir sagen, wir affirmieren die Gefühle, die wir mit diesen Worten verbinden. Wenn sich deine positiven Worte wie eine Lüge anfühlen, dann affirmierst du das Gegenteil dessen, was du affirmieren willst.

Damit Affirmationen Kraft haben, müssen sie mit deinen anderen bestehenden Glaubenssätzen übereinstimmend und deckungsgleich sein.

Beim Affirmationsvorgang ist es besonders wichtig, darauf zu achten, wie du dich physisch fühlst, wenn du eine Affirmation sprichst. Das Gefühl, das uns unser Körper reflektiert, wenn wir eine Affirmation aussprechen, signalisiert uns, ob wir der Affirmation zustimmen oder sie ablehnen.

Unsere Gefühle sind Reaktionen und drücken aus, ob wir an die Worte, die wir gesprochen haben, glauben oder nicht.

Wie intensiv du auch immer daran glauben willst, dass du wohlhabend bist: Wenn du affirmierst „Ich bin wohlhabend", aber den Wohlstand nicht fühlst, dann zielt deine wirkliche Intention darauf ab, Mangel zu erfahren. Für die Art und Weise, wie ich Affirmationen praktizierte, machte diese Erkenntnis einen großen Unterschied. Sobald ich gelernt hatte, die Gefühle zu beobachten, die mit meinen Worten beabsichtigt hatte, habe ich gesehen, worauf ich wirklich abgezielt hatte. Dann habe ich geübt, meine Worte so anzupassen, bis meine Gefühle für mich „nach Wahrheit schmeckten", wenn ich den Affirmationen zuhörte, die ich gesprochen hatte.

Um eine Affirmation, die sich nicht stimmig anfühlt, glaubhafter zu machen, kannst du die Wörter „ICH entscheide", „ICH will" oder „ICH begrüße" in der Affirmation benutzen, damit sie für dich wahr wird. „Ich habe meine Finanzen unter Kontrolle" lautet dann: „Ich will meine Finanzen unter Kontrolle haben" oder „Ich entscheide mich, meine Finanzen unter Kontrolle zu haben".

Hinter jedem Wünschen ist ein Gefühl, das wir erleben wollen. Da es bei Affirmationen darum geht, ein Gefühl zu wecken, ist es entscheidend, dass wir das Gefühl bestimmen, hinter dem wir wirklich her sind. Gehe bei jedem Wunsch, dessen Erfüllung sich manifestieren soll, tiefer hinter die Oberfläche der Situation, um punktgenau zu bestimmen, wie du dich fühlen möchtest. Wir sind fühlende Wesen, und unsere äußeren Umstände spiegeln nur das wider, was wir innen fühlen. Gefühle können zwei Richtungen haben: Du kannst etwas fühlen als Folge der Realität, oder du kannst deine Realität formen als Folge dessen, was du fühlst.

Miss den Nutzen von Affirmationen daran, wie du stimmungsmäßig Auftrieb erhältst, und fahre fort, deine Worte so anzupassen, dass sie einen Pfad öffnen, der mehr Energie für dich selber kreiert.

Jeder Moment deines Lebens fügt den Inhalten, die bereits angelegt sind, ein Programmelement hinzu. Du affirmierst entweder ein negatives Gedankenmuster oder ein positives. Es gibt nichts dazwischen. Lass los und hör damit auf, dich auf deine Schwächen zu fokussieren. Setze deine Energie und deinen Schwerpunkt auf deine Stärke und nähre die Fähigkeiten in dir, die du fördern willst.

Die Gedankenform, die sagt „Es gibt einen Weg, und ich werde ihn bestimmt finden", muss zu einer natürlichen Gewohnheit werden. Denn wenn du Ausdauer und Geduld mit dir selber hast, dann wird sich die Macht der positiven Erwartung schließlich durchsetzen.

Denke an Folgendes...

Wenn du tausend Gedanken denkst am Tag und wenn du das multiplizierst mit der Anzahl an Tagen in deinem Leben, kannst du sehen, dass du eine erhebliche „Gefühls"-Basis geschaffen hast. Eine Änderung geschieht nur in der gegebenen Zeit. Es braucht geistige Beharrlichkeit, um Freude über den Erfolg zu kreieren. Und dennoch, wenn du dir das Leben großer Männer und Frauen anschaust, von großen Erfolgsmenschen, dann siehst du, dass sie alle ohne Ausnahme auch mit Anstrengungen, Krankheit, Bankrott oder Fehlern zu tun hatten und das überwunden haben, bevor sie einen Gipfel menschlichen Strebens erreicht haben.

Es gibt eine Reihe verschiedener Techniken, die du anwenden kannst, damit deine Affirmationen so mächtig wie möglich werden. Das Ziel bei Affirmationen ist es, die Wahrheit in der Beteuerung und Bekundung zu fühlen, die du affirmierst.

Affirmationen erinnern an die Überzeugungen und Werte, auf deren Grundlage du dein Leben leben willst. Je flexibler du von einem Platz der Affirmation aus lebst, umso müheloser werden sich neue Gewohnheiten und Verhaltensweisen einstellen, die deine Ziele unterstützen. Du erlebst die Erfüllung deiner Sehnsüchte und Wünsche mit mehr Anmut und Leichtigkeit.

Es ist natürlich wichtig, sich daran zu erinnern, dass alles, was wir sagen und denken, Affirmationen sind. Wir werden Erfolg haben, egal bei was, ob im positiven Streben oder im negativen. Die Verwendung positiver affirmativer Bejahungen unterstützt uns, auf unsere inneren Ziele fokussiert zu bleiben, und erinnert uns daran, uns unserer Worte und Gedanken bewusst zu sein und sie gegebenenfalls zu ändern, damit sie das Positive reflektieren. Bewusstes Gewahrsein und das Antizipieren positiver Ergebnisse in unserem Leben hilft uns zu vermeiden, unbewusst darauf hin zu wirken, dass sich unerwünschte Ergebnisse in unserem Leben manifestieren.

Indem du dich entscheidest, positive Gedanken zu hegen und positive Affirmationen als Wahrheit auszusprechen, wird das Unterbewusste gezwungen, entweder durch Vermeidung zu reagieren oder durch Neubewertung. Je größer das Thema, je größer die Lücke ist zwischen der positiven Affirmation und der wahrgenommenen inneren Wahrheit, desto wahrscheinlicher ist es, dass sich Widerstand regt. Dann findet das Unterbewusste es leichter, bei seiner wahrgenommenen inneren Wahrheit zu bleiben, und vermeidet die Herausforderung, verfügbare Möglichkeiten zu nutzen und die Sache zu überprüfen. Du bemerkst diese Reaktion, indem du in deinem Inneren ein starkes negatives Gefühl wahrnimmst, wenn du die positiven Affirmationen aussprichst.

Entsprechend verhält es sich, wenn du Freude und Wohlgefühl wahrnimmst, dann reagiert dein Geist instinktiv auf etwas, von dem er annimmt, dass es wahr ist. Wenn du diese Gefühlsregung wahrnimmst, dann weißt du, dass deine Affirmation wirkt!

**Affirmationen fortwährend wiederholen,
mit Überzeugung und mit Leidenschaft, überwindet
sogar den stärksten Widerstand.**

Es gibt jedoch zahlreiche weitere Techniken, die du benutzen kannst, die deine Affirmationen zusätzlich aufladen und ihre Wirksamkeit um ein Vielfaches verstärken. Sobald der Widerstand einmal gebrochen ist, ist dein Unterbewusstes in der Lage, die Grundüberzeugungen und -muster neu zu prüfen, an denen du festgehalten hast. Die Wirkung kann alarmierend sein, und Dinge können sich sehr schnell ändern, sobald die störenden Glaubenssätze erkannt und durch deine eigene neue innere Wahrheit ersetzt werden.

Je nachdem, wie tief ein behindernder Glaubenssatz in deinem Bewusstsein angesiedelt ist, alle anderen angelernten Gedankenmuster und Glaubenssätze, die auf dem Grundglaubenssatz basieren, werden haltlos. Das Unterbewusste muss sie alle neu überprüfen, und das kann zu einer Zeit der Innenschau führen.

Wenn du erlebst, dass sich heftige Widerstände in dir regen oder du empfindest, dass es einen traumatisch erlebten Bereich anrührt, empfehle ich ausdrücklich, Unterstützung durch Freunde und Bekannte, in Anspruch zu nehmen. Die Reise, die du antrittst, wird dich von der Vergangenheit befreien. Aber wenn du bei diesem Prozess geeignete Unterstützung um dich hast, wird es viel einfacher sein.

Weil Affirmationen tatsächlich deine Muster neu programmieren, ändern sie die Art und Weise, wie du über Dinge denkst und sie empfindest. Und weil du die störenden Glaubenssätze ersetzt hast durch deine eigenen neuen positiven Überzeugungen, stellt sich auf leichte und natürliche Weise ein positiver Wandel ein. Das Wunder wird beginnen, in deine äußere Welt auszustrahlen und sich in der physischen Realität widerzuspiegeln. Du wirst in vielen Bereichen deines Lebens erdrutschartige Veränderungen zum Guten erleben.

Die meisten Leute wiederholen in ihrem Geist negative Worte und Aussagen in Bezug auf Situationen und Ereignisse im Leben und kreieren folglich unerwünschte Situationen. Worte wirken in beide Richtungen, sie sind aufbauend oder zerstörerisch. Es ist die Art und Weise, wie wir sie einsetzen, die bestimmt, ob sie gute oder schlechte Folgen nach sich ziehen.

Dein Unterbewusstes nimmt das als wahr an, was du immer wieder sagst. Es zieht entsprechende Ereignisse und Situationen in dein Leben. Also warum dann nicht sich ausschließlich für positive Bekundungen entscheiden, um positive Ergebnisse zu erhalten.

Es ist eine ausgezeichnete Idee, auf die Worte zu achten, die du im Geist immer wiederholst, um herauszufinden, ob du negative Aussagen benutzt wie z. B.:

- Ich kann das nicht.
- Ich bin zu träge.
- Mir fehlt es an innerer Stärke.
- Ich werde es falsch machen.

Wenn du entdeckst, dass diese oder ähnliche Worte dir durch den Kopf gehen, solltest du die bereits beschriebenen Techniken zur inneren Heilung umsetzen.

Deine negativen Gedanken programmieren deinen Geist auf dieselbe Art und Weise, wie Befehle oder Skripte einen Computer programmieren.

Das Wiederholen positiver Bejahungen hilft deinem Geist, sich auf dein Ziel zu fokussieren. Sie schaffen entsprechende mentale Bilder im Bewusstsein, die das Unterbewusste entsprechend beeinflussen. Auf diese Weise programmierst du dein Unterbewusstsein in Übereinstimmung mit deinem Willen. Dieser Prozess arbeitet so ähnlich wie wenn du dir vor deinem inneren Auge neue Bilder ausmahlst. Nur das die Programmierung diese Visionen in dein Unterbewusstsein abspeichert.

Das Bewusstsein, also der denkende Verstand, startet diesen Prozess, und dann übernimmt das Unterbewusste die Ladung.

Indem du diesen Prozess bewusst und konzentriert einsetzt, beeinflusst du dein Unterbewusstes, und im Gegenzug werden deine Gewohnheiten, Verhaltensweisen, deine Einstellung und Reaktionen transformiert, ja, dein äußeres Leben nimmt eine neue Form an.

Dinge können sofort geschehen, in wenigen Stunden, in ein paar Tagen oder Wochen, oder es kann länger dauern. Das ist abhängig von deiner Fokussierung, deinem Vertrauen, der Stärke deines Wunsches, der Gefühle, die du mit deinem Worten verbindest, und wie groß oder klein dein Ziel ist.

Es ist wichtig, Folgendes zu wissen: Ein paar Minuten lang positive Affirmationen zu wiederholen und dann den Rest des Tages negativ zu denken, neutralisiert die Wirkungen der positiven Worte. Wenn du positive Ergebnisse willst, dann musst du dich endlich aufhören, negative Gedanken zu hegen.

Deine negativen Gedanken sind nicht das, was du bist. Deine negativen Gedanken sind nicht die Wahrheit.

Hast du dich selber akzeptiert, so wie du bist? Oder bist du so beschäftigt, dich selber zu kritisieren, sodass du „nichts" finden kannst, was du an dir magst?

Das ist der Grund, warum deine negativen Gedanken den gesamten Raum in deinem Geist besetzt haben, sodass wenig Raum für positive, affirmative Gedanken und Überzeugungen bleibt.

Es ist sehr einfach: Mit einem negativen Geist kannst du kein positives glückliches Leben führen.

Wenn du also glücklich sein willst und du dich befreien willst von einem Leben in Gefangenschaft, wenn du es leid bist, mit Mangel zu leben und nicht genug zu haben – genug Liebe, genug Freude, genug Geld, genug gute Beziehungen – ist es dann nicht lohnend, Zeit und etwas Anstrengung zu investieren, einen positiven Geist zu trainieren?

Trainiere dein Denken um, damit es für dich arbeitet – nicht gegen dich.

Wie weit positive Affirmationen „in Fluss kommen" und aktiviert werden, hat direkte Auswirkung darauf, wie viel

Erfolg du mit ihnen haben wirst. Je höher die Belichtung, desto größer der Erfolg.

Wenn du nur 1-mal die Woche oder 1-mal im Monat mit positiven Affirmationen arbeitest, wirst du kaum - falls überhaupt - Ergebnisse spüren. Warum? Weil dein Gehirn nicht genügend Impuls bekommt, um seine Richtung zu ändern.

Die Kraft liegt nicht allein in der Anzahl, sondern in der Dichte. Wenn du also etwas jeden Tag tust, wirst du Ergebnisse erzielen. Gute, beständige und wachsende Ergebnisse.

Wie kann die Macht positiver Affirmationen Probleme des realen Lebens heilen?

Ist dein Geist negativ aufgewühlt durch negative Gedanken, löst du kein einziges Problem. Du schaffst dir hundert weitere Probleme, die es zu Anfang gar nicht gegeben hat.

Der Geist muss in einem Zustand der Entspannung und Harmonie sein, um klar denken und dich in der Richtung unterstützen zu können, in die dein Leben gehen soll. Du gelangst in einen Zustand von innerer Stille und Entspannung, indem du positive Gedanken benutzt.

Positive Affirmationen sind – eingesetzt auf die richtige Weise – der ultimativ leichteste, schnellste und wirksamste Weg, um jene positiven Gedanken zu generieren.

Die 1. Frage ist: Hast du die Kraft und Energie der Liebe und die Macht in dir, hier und jetzt dein Leben umzudrehen oder in der alten Spur haften zu bleiben?

Die 2. Frage ist: Was willst du mit deinem Leben machen?

Entweder du entscheidest dich, es zu nutzen, oder du wirfst es unerschlossen weg. Der Weg zur Heilung verläuft von innen nach außen. Wenn du dieses Konzept beherzigst, wirst du im Leben alles haben, was du dir wünschst. Aber das ist ein großer Schritt des Vertrauens. Fange also klein an und beweise dir, dass du damit richtig liegst.

Techniken für eine praktische Umsetzung im Alltag

Das Team der Heilerschule hat die stärksten Themen für dich ausgewählt, durch die du deine Affirmationspraxis bündeln und verstärken kannst.

Meisterst du diese Themen, wird das eine mächtige Grundlage liefern, von der aus du ein kraftvolles, reiches und prächtiges Leben aufbauen kannst, so wie du es dir vorstellen magst.

Das wichtigste an der Sache ist, sich an Folgendes zu erinnern: Selbst wenn du nicht empfindest, dass du an dich selber glaubst, so hat die Wissenschaft doch bewiesen, dass die Wahrscheinlichkeit, dass sich eine Sache ändert, umso größer ist, je häufiger du die Worte einer Affirmation wiederholst.

Je häufiger du praktizierst, desto schneller stellen sich die Folgen ein. Es ist wichtig, die Affirmationen langsam auszusprechen und dabei nachzuspüren, was jedes Wort bedeutet. Bitte geh nicht mit Eile die Affirmationen durch, denn sie sind lebensverändernd.

Am Anfang eines jeden Themas gibt es eine Erklärung über die Wichtigkeit der betreffenden Thematik. Bitte lese die Erklärungen einige Male und denke über die Bedeutung nach. Je tiefer du die Idee dahinter verstehst, desto mehr werden die Affirmationen in dich und dein Unterbewusstes eindringen. Wenn du dir die enthaltenen Informationen zu Herzen nimmst und sie ständig wiederholst, wirst du dich verändern.

Bitte halte dich an folgende Instruktionen:

- Lese die Erklärung zum jeweiligen Thema mit offenem Herzen und unvoreingenommenem Verstand, bis du sie verstanden hast. Lese die Affirmationen erst dann, wenn du das Gefühl hast, dass du die Idee dahinter verstanden hast.

- Lese die Affirmationen, die folgen, beim ersten Mal sehr langsam. Nimm die Bedeutung der Worte auf.

- Gehe zurück und lese dieselbe Affirmation zwei weitere Male und wähle dann 2 Affirmationen, die am stärksten in deinem Kopf nachklingen, und schreibe sie in deinen eigen Worten auf. Wenn sie in deinen eigenen Worten formuliert sind, werden sie umso schneller von deinem Unterbewussten aufgenommen.

- Führe diesen Vorgang bei jedem Abschnitt aus. Vielleicht nimmst du dir pro Tag einen Abschnitt vor.

- Wiederhole jeden Abschnitt mindestens 2-mal, bevor du deine Affirmationen auswählst, um sie neu aufzuschreiben. Gehe dann weiter.

- Wenn du alle Themen durch bist (in jedem Abschnitt gibt es 9-10 Affirmationen) und du in jedem Abschnitt deine zwei wichtigsten ausgewählt hast, kopiere sie in ein anderes Schriftstück, um es als dein tägliches Affirmationsprogramm zu benutzen. Es gibt acht verschiedene Themen, und indem du aus jedem 2 Affirmationen auswählst, erhältst du für deine Affirmationspraxis 16 Affirmationen.

- Diese Affirmationen sind die umfassendsten und kraftvollsten, die wir kennen. Sie werden besser funktionieren, wenn du das jeweilige Thema verstehst und du die Affirmationen immer und immer wiederholst.

Lebens- und Körperliche Themen, die du meistern kannst:

Macht der Gedanken

Macht des Positiven / Guten

Vertrauen

Befähigung

Dankbarkeit

Liebe

Vergebung

Gesundheit

Macht der Gedanken

Das, was ich tun kann, wird nur beschränkt durch die Begrenzungen meines eigenen Geistes.

Darwin Kingsley

Durch die Kraft deines Geistes bist du fortwährend dabei, die Bedingungen für dein Leben zu erzeugen. Du machst ständig Gebrauch von dieser angeborenen kreativen und schöpferischen Energie, ob bewusst oder unbewusst. Deine Gedanken, Haltungen und Überzeugungen formen dein Leben von morgen. Der Wunsch, ein reicheres Leben zu führen, ist immer der Kern menschlichen Strebens gewesen.

Die einzigen unüberwindbaren Hindernisse sind solche, die du in deinem eigenen Geist kreierst – und diese können nur dann Macht über dich gewinnen, wenn du das zulässt. Unsicherheit wird immer ein Teil deiner Existenz sein, aber Ausdauer und Gewahrsamkeit werden niemals scheitern, dich auf der anderen Seite von Mühsal zu sehen, wo Freude und Leichtigkeit gedeihen kann. Erinnere dich daran und probiere es aus: Was auch immer dir das Leben beschert, es gibt absolut keine Situation, die nicht durch Zeit, Liebe und Freude aufgelöst werden kann.

Du hast in jedem Moment die Möglichkeit, kühn und ideenreich die Kraft deiner Entscheidung zu nutzen. Durch deine Fähigkeit, in dir selber eine Macht zum Guten anzuzapfen, kannst du Lösungen finden für Probleme auf den Gebieten Gesundheit, Finanzen, Beziehungen und anderen. Du kannst frei sein von Einsamkeit, Schuld und Groll. Du kannst Frieden und Sinn finden.

Mangel oder Begrenzungen sind lediglich Folge von einschränkenden Glaubenssätzen, die wir übernommen haben, und spiegeln nicht unsere wahre Natur wider.

Denke daran, dass dein Geist durch und mit erlernten Beweggründen lebt und dass du die Macht hast, neue Beweggründe einzubringen, die ihrerseits neue Wirkungen nach sich ziehen.

„Gedanken sind die Werkzeuge des Geistes."

Neue Gedanken kreieren neue Bedingungen. Das bedeutet, wir sollten unabhängig von irgendwelchen vorhandenen oder erfahrenen Ergebnissen denken. Wir sollten aktiv nach großen Möglichkeiten Ausschau halten, die wir bislang nicht bedacht oder nicht erfahren haben.

Affirmationen zur Macht der Gedanken

Wirkungsebene:
Das 3. Solarplexus-Chakra/Energiezentrum hat im gesunden und harmonischen Zustand eine Schwingungsfrequenz von ca. 528 Hz. Die Energie der Affirmationen hat eine umwandelnde, gestaltende und läuternde Energie. Das harmonisierte Energiezentrum hat eine ausgleichende und stabilisierende Wirkung auf das 5. Hals-Chakra.

◉ Ich habe die Macht, alles zu schaffen, was ich wünsche. Meine Fähigkeit, die Veränderungen herbeizuführen, die ich wünsche. Meine neuen Glaubenssätze sind meine neue Realität.

◉ Wenn ich mich auf meine positiven befähigenden Gedanken fokussiere, kann ich alles tun, was ich wirklich tun will.

◉ Ich weiß, meine Gedanken kreieren meine Realität. Ich lasse jetzt alle meine mich begrenzenden ängstlichen Gedanken los und ersetze sie durch positive, mich weitende Gedanken über Möglichkeiten.

◉ Ich leere meinen Geist von festgelegten oder vorgefassten Glaubenssätzen. Ich öffne mich jetzt für neue Möglichkeiten.

◉ Ich lebe alle Sicherheit und Geborgenheit durch die Kraft des großen Herzen der Liebe und der durch sie geschaffenen Möglichkeiten.

◉ Das, was ich tun kann, wird nur begrenzt durch die Begrenzungen meines eigenen Geistes.

◉ Ich kann meinen Geist neu programmieren und mein Leben blüht auf. Ich habe ein unbegrenztes Potential.

◉ Alles, was ich erfahre, ist das Ergebnis von dem, was ich denke. Ich entscheide mich nur für positive, befähigende Gedanken.

◉ Ich ändere meine mentalen Gewohnheiten. Ich GLAUBE. Ich nehme es als wahr an und indem ich mich so ausrichte, wird alles möglich.

◉ Worte bilden das Kristallspektrum, meinen Geist zu fokussieren. Ich wähle Worte, die weit machen. Ich kann alles tun, für das ich mich entscheide, wenn ich meine Sprache so ändere, dass sie meinem Inneren entspricht.

Die Macht des Positiven und Guten

Wenn du möchtest, dass dein Leben eine großartige Geschichte wird, dann beginne damit einzusehen, dass du der Autor bist, und du hast jeden Tag die Möglichkeit, eine neue Seite zu schreiben.

Mark Houlahan

Manchmal empfinden wir es als schwierig, das Gute in Menschen, Orten oder Situationen zu sehen, die uns nicht gefallen. Wir fokussieren uns auf Dinge, die wir in unserem Leben nicht mögen, und nehmen sie als Antrieb für unsere Bemühungen, einen Wechsel herbeizuführen.

Wir müssen in die Tiefe aller Aspekte unseres Seins blicken, um das innewohnende Gute zu sehen, das im Kern von allem zu finden ist. Kultiviere Dankbarkeit für die einfachsten Dinge des Alltags, dann werden große Dinge die Hauptsäulen deines Lebens sein.

Wenn du dich fokussierst auf das, was in deinem Leben und in der Welt richtig ist, dann förderst du das Gesetzt der Positivität, dem alles unterliegt. Indem du das tust, werden nur großartige Dinge in deinem Leben geschehen.

Du wirst zu dem, auf das du dich fokussierst. Wenn du dich darauf fokussierst, nur das zu sehen, was gut und richtig ist, werden dir erstaunliche Dinge passieren. Dinge, die dir früher nicht gefallen haben, werden ganz natürlich langsam verschwinden. Es gibt immer etwas Positives, du musst dich in deinem Erleben nur dafür entscheiden, das wahrzunehmen.

Es geht darum, sich in Bezug auf jede Person, jedes Projekt und jede menschliche Verbindung mit Freude, Liebe und Wohlwollen einzubringen, sodass die größeren Möglichkeiten in allen Dingen sichtbar werden; Schönheit statt Hässlichkeit und Liebe statt Hass. Richte dich aus auf die Kreativität, die in uns allen verborgen ist.

Wenn du dich in allen Situationen auf das Gute fokussierst, wird es nur positive Ergebnisse in deinem Leben geben!

Affirmationen von Positivität (Macht der Gedanken)

Wirkungsebene:
Das 6. Stirn-Chakra/Dritte Auge hat im gesunden und harmonischen Zustand eine Schwingungsfrequenz von ca. 852 Hz. Die Energie der Affirmationen fördern das ganzheitliche Erkennen und unterstützen dabei, Zusammenhänge leichter zu begreifen. Das harmonisierte Energiezentrum hat eine ausgleichende und stabilisierende Wirkung auf das 7. Kronen-Chakra.

- Ich richte mein Denken so aus, dass ich das sehe, was gut und richtig ist, und indem ich das tue, mache ich großartige Erfahrungen.

- Ich werde immer energievoller, indem ich meine Aufmerksamkeit auf Positives richte und in allem das Gute sehe.

- Ich bin ein positiver, glücklicher Mensch. Egal, was passiert, ich finde das, was richtig ist, nicht das, was falsch ist.

- Ich bleibe in meiner positiven Energie, weil es hilft, die Situation zu verbessern.

- Es ist mein Recht, glücklich zu sein. Ich bin glücklich, indem ich mich auf die Kraft des Guten fokussiere.

- Ich umarme die Kraft des Guten. Das ist eines meiner Grundprinzipien. Ich empfange die Anwesenheit von Liebe. Ich affirmiere Frieden. Ich affirmiere Glück

- Meine Fähigkeit, das zu erreichen, was immer ich will, hat direkt damit zu tun, wie weit ich fähig bin, die Kraft des Guten zu umarmen.

- Heute gehe ich in Positivität voran, denn ich weiß, dass ich ein Freund aller bin. Ich glaube, dass die Macht des Guten mich schützt und leitet. Es ist mein aufrichtiger Wunsch, alles, was ich habe, mit anderen zu teilen und für alle das Beste zu wollen.

- Ich gehe davon aus, mehr Gutes zu erfahren als jemals zuvor, da ich trainiere, an die positive Macht des Guten zu glauben.

Affirmationen von Positivität

- Heute gehe ich in Positivität voran. Ich glaube, dass die Kraft des Guten mich schützt und die universelle Intelligenz mich leitet.

- Es ist mein aufrichtiger Wunsch, alles, was ich habe, mit anderen zu teilen und für jeden das Beste zu wollen.

- Ich erwarte mehr Gutes, als ich je erfahren habe. Mein Geist ist offen für meine Intuition, mein instinktives Wissen, das der allgegenwärtigen Weisheit entspringt, die alles bestimmt, regelt und steuert.

- Heute affirmiere ich die Kraft des Guten. Ich empfange die Anwesenheit von Liebe und verwerfe jeden Glaubenssatz, dass Hass irgendeine Macht habe.

- Ich affirmiere Frieden und lehne Zwist ab. Ich affirmiere Glück und deklariere, dass Betrübnis in meinem Bewusstsein keinen Platz hat. Es gibt nichts in meiner Vergangenheit, das meiner Zukunft schadet oder sie beschränkt.

Vertrauen

„Ich hab großes Vertrauen in die Kraft des Herzens und der Seele; ich weiß, dass die Antwort auf die Frage, was wir als nächsten zu tun haben, in unserem Herzen liegt. Wir müssen nur zuhören, dann einen Schritt weitergehen und dem vertrauen, was wir hören. Es wird uns gelehrt, was wir lernen müssen."

Melody Beattie

Zuversicht in dein natürliches Wissen in Vertrauen auf den Lehrer in dir, der Quelle deiner in dir wohnenden universellen Intelligenz. Diese Zuversicht gekoppelt mit Liebe allein wird deine dich begrenzenden Denkweisen und Glaubenssätze vertreiben, die unsere Ängste hervorbringen. Es liegt allein an uns selber zu entscheiden, ob wir in Angst oder in Vertrauen leben wollen. Wenn du dich entscheidest, in Vertrauen zu leben und das praktizierst, werden Ängste in deinem Leben immer weniger werden.

Glaube statt Zweifel, so einfach ist das, denn in dir gibt es eine Kraft, die grenzenlos ist. Du bist gesegnet mit der Kraft deiner Wahl!

Wenn du dich deiner Ängste, deines Aberglaubens und aller Empfindungen entledigen könntest, die dich abtrennen vom natürlichen Wissen, das in dir und in jedem anderen Menschen ist, dann wärst du wahrscheinlich überrascht über die Folgen, die daraus entstehen würden. Infolge des spirituellen Gesetzes erhalten diejenigen die besten Ergebnisse, die das größte Vertrauen haben.

Angst, Zweifel, Sorge und Unglaube dienen alle dazu, uns von Fülle fernzuhalten. Sie blockieren den Fluss der Lebensenergie, sodass sie nicht zu uns und durch uns hindurch fließen kann. Vertrauen, Liebe und Dankbarkeit in Bezug auf die Geschenke unseres Lebens lassen Energie und Fülle in uns fließen. Je mehr wir darauf vertrauen, dass es uns gut geht, umso mehr wird sich das realisieren. Umso gesünder wirst du!

Affirmationen von Vertrauen

Wirkungsebene:
Das 5. Hals-Chakra/Energiezentrum hat im gesunden und harmonischen Zustand eine Schwingungsfrequenz von ca. 714 Hz. Die Energie der Affirmationen fördert die persönliche Transformationsfähigkeit und unterstützt den Austausch mit der höheren Weisheit durch die innere Anbindung. Das harmonisierte Energiezentrum hat eine ausgleichende und stabilisierende Wirkung auf das 3. Solarplexus-Chakra.

◉ Ich habe ein tiefes inneres Empfinden, die Überzeugung und das umfassende Vertrauen, dass die Kraft des Guten alles regiert. Ich weiß, wenn ich auf meine innere Stimme höre und meine Energie auf die Kraft des Guten richte, gibt es nichts, dass ich nicht tun oder erleben kann.

◉ Ich trete ein, in die grenzenlose Natur meiner natürlichen Fähigkeiten.

◉ Ich ändere die Richtung meines Lebens, indem ich meine Gedanken auf die mir angeborene Intelligenz richte, die in mir ruht.

◉ Ich habe höchstes Vertrauen in meine natürliche Intelligenz, in meine Kraft. Ich muss nur auf meine innere Stimme hören.

◉ Ich habe Vertrauen in meine eigenen Affirmationen. Ich weiß, dass eine Kraft durch mich fließt, in der Form meines Glaubens. Diese Kraft richtet sich nach meiner Akzeptanz dessen, was ist, antwortet auf meine Bitten und erfüllt meine Affirmationen. Darum bemühe ich mich, tiefer zu vertrauen, umfassender überzeugt zu sein, rückhaltloser das anzunehmen, was ist, und umfassendere Erkenntnisse zu haben.

◉ Ich habe Vertrauen in meine Fähigkeit, meine Gedanken bewusst zu wählen und meinen Geist so zu steuern, dass er mir in der Weise dient, die ich bestimme.

◉ Ich habe tiefes Vertrauen darin, dass ich auf Grundlage der mir bei meiner Geburt geschenkten natürlichen Begabung allen Herausforderungen des Lebens gewachsen bin, da alles, was ich wissen muss, mir jetzt zur Verfügung steht.

◉ Ich überlasse mich meinem Vertrauen, meinem unerschütterlichen Glauben in mein Potential. Ich weiß, dass ich ein spirituelles Wesen bin auf dem

Weg zur grenzenlosen Selbstentfaltung, und dass die universelle Intelligenz mich führt.

◎ Ich habe Vertrauen, eine Überzeugung und eine Sicherheit, die unerschütterlich sind, da das Gesetz der Positivität meine Basis ist. Liebe umschließt alles, mit was ich Kontakt habe, und jede Person, mit der ich zu tun habe.

◎ Ich empfange jetzt Zuversicht und Inspiration aus der Quelle allen Lebens. Ich glaube, dass Liebe mich führt. Ich glaube, es gibt eine Kraft, die vor mir her geht und mir Gelassenheit gibt in dem Wissen, dass ich alle Antworten in mir habe.

Deine Befähigung

Wir sind unbegrenzte Wesen. Wir haben keine Ober-
grenze. Die Fähigkeiten und Begabungen und Energie,
die jedes einzelne Individuum auf diesem Planeten hat,
sind unbegrenzt.

Dr. Michael Beckwith

Nach Millionen Jahren Versuch und Irrtum zieht das Leben die Bilanz seiner Erfahrungen. Diese Evolution, diese Geschichte, ist deine natürliche Intelligenz. Manche bezeichnen sie als Schöpfer, der in allem gegenwärtig ist, als universelle Intelligenz oder als Seele (Spirit). Andere denken dabei an ihre Intuition, ihre innere Stimme oder sogar an ihr Bauchgefühl. Es spielt keine Rolle, wie du es nennst, solange du weißt, dass du jederzeit diese natürliche Intelligenz abrufen kannst. Wenn du diese Intelligenz anzapfst, dein Gewahrsein, dein natürliches Wissen, dann bist du dort, wo deine wirkliche Kraft existiert!

Diese kreative Kraft reagiert immer auf uns, indem wir in ihr handeln. In unseren Körpern und in unseren Angelegenheiten ist sie ständig schöpferisch tätig.

Folglich müssen wir nur lernen, in einem Zustand freudiger und begeisterter Erwartung zu leben. Was du tun kannst und was nicht, was du für möglich hältst und was nicht, das hängt selten von deinen wirklichen Fähigkeiten ab. Es richtet sich mehr nach deinen Glaubenssätzen darüber, wer du bist.

Jeder von uns hat in seinem Inneren viel mehr verborgen als das, von dem wir die Möglichkeit hätten, es zu erkunden. Nur wenn du ein Umfeld schaffst, das dich in die Lage versetzt, die Grenzen deines Potentials zu entdecken, wirst du wissen, was in dir steckt. Unterschätze niemals die Kraft von Träumen und den Einfluss der menschlichen Seele. Nach dieser Vorstellung sind wir alle gleich: Das Potential für Größe lebt in jedem von uns.

Affirmation von Befähigung

Wirkungsebene:
Das 7. Kronen-Chakra/Energiezentrum hat im gesunden und harmonischen Zustand eine Schwingungsfrequenz von ca. 963 Hz. Die Energie der Affirmationen fördert die persönliche Veredelung des Charakters und die Anbindung an universelles Bewusstsein. Höhere Erkenntnisse und die Anbindung zum höheren Selbst unterstützen die Vereinigung mit dem All-Seienden. Das harmonisierte Energiezentrum hat eine ausgleichende und stabilisierende Wirkung auf das 2. Sakral-Chakra.

◉ Ich affirmiere und stimme zu, dass meine Angelegenheiten durch die natürliche Intelligenz regiert werden. Sie ist immerzu in mir und um mich herum und leitet mich, führt, lenkt, steuert und geleitet mich glücklich zur Erfüllung aller guten Absichten.

◉ Ich höre auf meine angeborene Intelligenz und erlaube ihr, meine Wege zu bestimmen. Sie zeigt sich in Form von Gedanken und Ideen, die mir kommen, und in meinem täglichen Leben werde ich auf sie hören und sie befolgen. Ich möchte nur das tun, was konstruktiv und lebensspendend ist; daher weiß ich, das alles, was ich tue, Erfolg haben wird.

◎ Ich glaube, dass ich in all meinen Aktivitäten von der universellen Schöpfer-Intelligenz geführt werde. Ich weiß, dass alles Notwendige für meinen Erfolg jetzt bereits in mir ist.

◎ Ich höre auf meine innere Stimme, mein Bauchgefühl und die universelle Intelligenz in mir.

◎ Ich habe den Mut, meinem Herzen und meiner Intuition zu folgen. Ich weiß bereits, was ich werden will.

◎ Das Potential für Größe lebt in mir und in allen Mensch.

◎ Ich glaube, das meine innere Führung in mir genau weiß, was zu tun ist.

◎ Ich verlasse mich auf meine innere Kraft, dass sie mit mir arbeitet und ich die Art von Leben mir schaffe, das ich mir sehnlich wünsche. Wenn ich in Stille sitze, höre ich alles, was ich wissen muss.

Wenn ich auf meine innere Führung höre, birgt mein Leben ein unbegrenztes Potential. Ich nehme mich hier und jetzt als glücklichen, gesunden, starken und erfolgreichen Menschen an.

Dankbarkeit

Nur wenn uns wirklich klar ist und wir verstehen, dass unsere Lebenszeit begrenzt ist – und das wir nicht wissen können, wann unsere Zeit abläuft – dann beginnen wir, jeden Tag aus dem Vollen zu leben, so als wäre es unser letzter.

Elisabeth Kübler-Ross

Wenn „Danke" der einzige affirmative Gedanke ist, den du in deinem ganzen Leben jemals aussprichst, dann ist das genug. Dankbarkeit für das Geschenk des Lebens ist der primäre Ursprung aller Religionen, der Echtheitsstempel von Mystikern, die Quelle aller wirklichen Kunst... Es ist ein Privileg, in dieser Zeit am Leben zu sein, da wir wählen können, uns an der Selbstheilung unserer Welt zu beteiligen.

Wenn du ab heute zwei Monate lang bewusst für jeden einzelnen Tag und dessen Fülle, die in deinem Leben existiert, Danke sagst, dann wirst du danach nicht mehr derselbe sein. Du wirst ein uraltes spirituelle Gesetz zur Realisierung bringen: Je mehr du Dank spürst und du für etwas dankbar bist, desto mehr wird dir gegeben.

Affirmation von Dankbarkeit

Wirkungsebene:
Das 4. Herz-Chakra/Energiezentrum hat im gesunden und harmonischen Zustand eine Schwingungsfrequenz von ca. 639 Hz. Dankbarkeit geht Hand in Hand mit Liebe und wo das eine ist, ist auch das andere zu finden. Die Energie der Affirmationen hat eine öffnende und verbindende Kraft. Das harmonisierte Energiezentrum hat eine ausgleichende und stabilisierende Wirkung auf das 3. Solarplexus-Chakra und das 7. Kronen-Chakra.

- Ich bin dankbar für alles, das ich zu Lebzeiten erfahre. Ich wachse und mir geht es immer gut. Meine reichen Erfahrungen, sie alle machen mich besser, stärker und lebendiger.

- Ich bin dankbar für gute Gesundheit, Liebe und meine Erfahrungen, die mein Leben mir beschert haben.

- Ich bin so dankbar für alle Erfahrungen in meinem Leben, da sie mich alle zu einem besseren Menschen gemacht haben.

- Ich bin dankbar, einfach zu atmen, denn zu atmen

ist ein Geschenk des Lebens.

◉ Ich wertschätze alles, was ich habe, und ich drücke mir und meinen Lieben tiefe Dankbarkeit aus.

◉ Ich sehe, dass es für alles im Leben zu danken gilt, auch für die alltäglichen Dinge wie atmen zu können, zu essen und trinken und ein Dach über dem Kopf zu haben. Durch Dankbarkeit wird meine Welt weiter.

◉ Je mehr ich mich darin übe, dankbar zu sein, desto mehr mache ich großartige Erfahrungen in meinem Leben.

◉ Ich bin dankbar, dass ich denken kann und dass ich in meinem Willen frei bin, dieses Gedankengut zu nutzen und mein Leben zu ändern, indem ich mich dafür entscheide.

◉ Ich bin dankbar für meine Familie. Ich weiß, das trägt zu meinem spirituellen Wachstum bei.

◉ Ich fokussiere meine Gedanken auf Positivität und Dankbarkeit, immer, jetzt und auf ewig.

◉ Ich bin aufrichtig dankbar, und das bringt enorme Positivität in mein Leben.

- Ich bin dankbar, am Leben zu sein. Es ist ein Geschenk, zu leben.

- Ich bin dankbar zu wissen, dass ich direkte Kontrolle über mein Wohlergehen habe. Und ich bin Herr meiner Bestimmung.

Die Kraft der Liebe

Es gibt kein Problem, das nicht überwunden werden kann durch Liebe, keine Krankheit, die nicht geheilt werden kann durch Liebe, keine Tür, die nicht geöffnet werden kann durch Liebe.

Emmet Fox

Liebe ist das Prinzip des Lebens, da es in der Natur von jedem liegt, zu geben. Es ist essentiell für uns, über die Kleinheit unseres Lebens hinweg zu blicken und jenseits etwas Größeres und Bedeutenderes zu sehen. Die Herausforderung für dich besteht darin, groß genug zu sein, um durch Verständnis und Mitgefühl in Liebe und Nächstenliebe aufzustehen.

Liebe verwandelt Schwäche in Stärke, Angst in Vertrauen. Liebe ist die alles überwindende Kraft der Seele. Es ist wichtig, Folgendes zu erkennen: Damit Liebe eine Grundlage findet, beginnt sie bei dir, denn Liebe braucht nur dich, sonst niemanden! Liebe ist etwas, das du kreierst, in dir selber. Liebe ist ein Gefühl, dass alles, was auch immer du erfährst, mit dir so in Harmonie ist, dass es in deinem Körper die wichtigste Heilkraft freisetzt.

Liebe wird durch deine Dankbarkeit gefördert. Wenn du übst, die einfachsten Dinge im Leben wertzuschätzen, expandiert deine Liebe, und du wirst ein uraltes spirituelles Gesetz zur Realisierung bringen: Je dankbarer du bist, desto mehr wird dir gegeben

Liebe ist die stärkste Kraft, die der Mensch kennt. Sie kann das Unheilbare heilen; sie kann das Unvorstellbare vorstellbar und möglich machen! Liebe heilt alles, jede Unvollkommenheit von Geist, Körper und der Welt. Hass, Wut, Neid und Missachtung können nur durch Liebe überwunden werden. Liebe ist die stärkste bekannte Heilkraft.

Beginne deine Liebe zu kultivieren, indem du dich selber akzeptierst, auch mit den Teilen an dir, die du verbessern möchtest, und erlaube dir der/die zu sein, der/die du heute bist, auch mit den Fehlern aus deiner Vergangenheit. Selbstannahme geht Hand in Hand mit Selbstliebe.

Wenn du andere mit ihren Fehlern siehst, dann denke daran, dass sie genauso sind wie du, auf perfekte Weise nicht perfekt. Wenn du lernst, dich selber zu lieben, vollständig, sogar mit dem, was du als Mängel empfindest... dann wird dich Liebe umgeben, unaufhörlich.

Dies ist ein universelles Gesetzt. LIEBE dich, bitte!

Affirmationen von Liebe

Wirkungsebene :

Hier findet ebenso wie bei den Affirmationen der Dankbarkeit, eine Wirkung auf das 4. Herz-Chakra-Energiezentrum statt, welches im gesunden und harmonischen Zustand eine Schwingungsfrequenz von ca. 639 Hz.

Das Herz-Chakra verbindet zudem als „Trafo" die unteren und die oberen drei Chakren, was bedeutet, das alles Energie der Chakren hier ineinanderfließen / verbunden werden.

◉ Ich fokussiere mich auf das, was gut und richtig ist, ich bin stets von Liebe umgeben.

◉ Alle Liebe, die es gibt, ist genau hier, genau jetzt ist sie mit mir. Ich höre nur die Stimme der Liebe und die Kraft des Guten zu mir sprechen. Ich höre nur Worte der Weisheit, die mich leiten und anregen.

◉ Indem ich wünsche, geliebt zu werden, erlaube ich mir selber, großzügig zu lieben, allen Menschen gegenüber warmherzig und behilflich zu sein. Ich gebe anderen Liebe, so wie ich wünsche, dass mir

Liebe gegeben wird. Wenn ich in Liebe bin und mit anderen Menschen kooperiere, dann lieben auch sie mich und ziehen mit mir an einem Strang.

◉ Meine liebevollen Gedanken ziehen mitfühlende Freunde an.

◉ Ich fühle, dass Liebe durch mich fließt, mich heilt und jedem Menschen hilft, den ich treffe. Ich vertraue auf die Führung der Liebe, weil ich glaube, dass sie die Macht des Guten im Universum ist.

◉ Mein Leben entfaltet sich perfekt, da ich meiner Liebe erlaube, ununterbrochen zu fließen.

◉ Ich glaube, in der Mitte von allem ist Liebe. Darum ist für mich Liebe die heilende Kraft des Lebens. Ich erlaube meiner Liebe, von mir auf jede Person auszustrahlen, die ich treffe.

◉ Ich lasse es zu, dass sich in mir und durch mich Liebe ausdrückt. Ich lasse es zu, dass in meine Gedankenwelt und Handlungen Liebe einfließt. Ich bin Liebe. Die Liebe in mir strahlt als Harmonie, Friede, Freude, Freiheit und Weisheit.

◉ Ich übe Dankbarkeit, Tag und Nacht. Indem ich

das tue, breitet sich viel Liebe aus, und mein Leben fließt in Leichtigkeit.

⦿ Meine Liebe ist grenzenlos.

⦿ Ich liebe mich so, wie ich heute bin. Ich bin auf perfekte Weise nicht perfekt.

Affirmationen von Selbstliebe

◉ Ich bin ein besonderer, einzigartiger Mensch.

◉ Ich akzeptiere und liebe mich bedingungslos.

◉ Ich wertschätze mich und all die Dinge, die ich gut mache. Ich nähre mich selber, ich achte auf mich.

◉ Ich glaube an mich.

◉ Ich bin weise. Ich gebe mir selber gute Ratschläge.

◉ Ich folge meiner inneren Führung. Ich nähre mein inneres Kind.

◉ Ich kann still, ausgeglichen und in meiner eigenen Mitte sein, wann immer ich mich dafür entscheide. Ich bin entspannt und in Frieden mit der Welt und mit mir.

◉ Alle meine Gefühle sind Teil von mir und ich liebe und akzeptiere sie alle. Ich bin ein wunderbares menschliches Wesen und ich handle nach höherem Wissen.

◉ Ich verdiene es, freundlich und liebevoll behandelt

zu werden, denn ich handle genauso. Ich liebe und akzeptiere mich selber, immer.

Vergebung

Das Leben ist zu kurz, um Feindlichkeiten zu hegen oder an Fehlern festzuhalten.

Charlotte Bronte

Eines der wichtigsten Quellen zur Besserung von Gesundheit und Wohlbefinden und auch zur Heilung von chronischen oder beschwerlichen Krankheiten ist das Loslassen ungelöster emotionaler Probleme, die sich im physischen Körper zeigen. Durch Vergeben vermindern wir die Last, die wir zu tragen haben.

Vergebung ist die höchste Form, Groll loszulassen und sich vom eigenen Ego zu befreien. Vergebung ist wie Liebe: Für beide ist sie gut, Geber und Empfänger. Wenn ein Mensch über einen anderen zornig ist, der ihm Schmerz oder Schaden zugefügt hat, dann denkt er oft, dass der andere die volle Verantwortung dafür trägt.

Das Gegenteil ist der Fall, und in Wirklichkeit verletzt du dich selber mit dieser Haltung. Wenn du kritisierst, urteilst oder verurteilst, dann wird dein Denken durch diese Haltung ausgefüllt. Eine urteilende Haltung drückt sich nicht nur nach außen aus, sie wird auch selber nach innen widergespiegelt.

Unsere negativen Reaktionen auf das Leben, unsere Unzufriedenheit und vielleicht viele unserer körperlichen Beschwerden basieren fast ausnahmslos auf unglücklichen Erfahrungen, die wir begraben haben in unserem Gedächtnis, aber lebendig begraben, in unseren Zellen! Doch tatsächlich hat das Gestern nichts Wirkliches für uns, es sei denn, wir entscheiden uns, auf das Gestern zu reagieren. Wir müssen nicht daran festhalten, es ist unsere freie Wahl.

Wir alle sind Menschen, und wir alle haben Fehler gemacht. Der Ausgangspunkt zum Schaffen einer besseren Zukunft für uns selber besteht darin, unseren Geist zu befreien von den Fehlern von gestern und zu spüren, dass wir die Fehler nicht länger festhalten und gegen uns wenden müssen, dass sie keine Belastung und Schuld mehr sein müssen. Es ist nicht notwendig, das richtig zu stellen, was wir als falsch empfunden haben. Es gibt keinen Grund, an alten Gefühlen festzuhalten, die uns nicht gut tun.

Affirmationen von Vergebung und Loslassen

Wirkungsebene :
Das 2. Sakral-Chakra/Energiezentrum hat im gesunden und harmonischen Zustand eine Schwingungsfrequenz von ca. 417 Hz. Die Energie der Affirmationen hat eine reinigende und in Fluss bringende Kraft. Das harmonisierte Energiezentrum hat eine ausgleichende und stabilisierende Wirkung auf das 4. Herz-Chakra.

◉ Ich bin voll Vertrauen, Liebe und Zuversicht.

◉ Ich sorge für mich. Ich bin ein einzigartiger Mensch, der viel zu geben hat.

◉ Ich höre auf meine universelle Intelligenz, meine innere Stimme gehört habe. Je mehr ich auf sie höre, desto gesünder und stärker werde ich.

◉ In meinem Bewusstsein gibt es nur Positivität und Zufriedenheit. Das Gestern ist vorbei, und für das Morgen hab ich nur freudvolle Erwartungen.

- Ich lerne zu heilen, was gestern war. Ich korrigiere mein Verhalten und vergebe mir selber für alles, was ich getan habe.

- Ich vergebe. Indem ich vergebe, verschwindet auch der Schmerz.

- Ich sehe ein, dass es förderlich für mich ist, wenn ich diese Gefühle loslasse.

- Ich lasse meine Vergangenheit los. Heute ist ein neuer Tag und ein neuer Anfang.

- Ich affirmiere, dass Liebe mich führt, um wahrhaftig und tief mit dem Leben zu kooperieren und aufrichtige Zuneigung für jeden zu empfinden.

- Ich vergebe meinen Eltern für das, was sie in meinem Leben falsch gemacht haben; ich weiß, dass sie es nur gut gemeint haben gemäß den Maßstäben und Fähigkeiten, die sie von ihren Eltern übernommen hatten.

Beten um Vergebung

- Ich vergebe allen, von denen ich glaube, dass sie vielleicht falsch gehandelt haben.

- Ich vergebe mir selber alles, was ich jemals getan habe und das vielleicht nicht meinen Werten und Überzeugungen entsprochen hat.

- Ich löse mich liebevoll von allen Urteilen, die mich davon abhalten, das Leben voll zu genießen. Indem ich lerne zu vergeben, öffne ich mich selber dafür, in Freude und Glück zu leben.

- Ich erhalte die besten Ergebnisse, wenn ich liebevoll vergebe und mich selber so annehme, wie ich bin.

- Indem ich Wiederstand in mir auflöse, zirkuliert die Wärme der Liebe in meinem Geist, meinem Körper und in meiner Welt.

Deine Gesundheit

Wenn du nicht gesund bist, kann sich Kunst nicht manifestieren, kann sich Stärke nicht auswirken, wird Reichtum nutzlos und Intelligenz überflüssig.

Herophilus, Arzt von Alexandria

Gesundheit ist dein Geburtsrecht; nicht gesund zu sein, ist nicht natürlich. Genauso wie dein Herz schlägt, deine Augen zwinkern und ein gebrochener Knochen von selber heilt, so ist der menschliche Körper unermüdlich bestrebt, Wohlgefühl zu bewirken. Das Geheimnis ist, wie man diesen Vorgang fördern kann, statt ihn zu behindern.

Bei Geburt sind unsere Körper programmiert, gesund und munter zu sein, auch wenn wir schwach und krank auf die Welt kommen. Wir haben uns über Millionen von Jahren dazu entwickelt, die stärksten bekannten Lebewesen zu sein. Das hätte nicht geschehen können, wenn unser Körper unfähig wäre, von sich aus zu heilen.

Wir alle haben einen Körper-Geist, für den es oberste Priorität hat, sich selber zu heilen und sich wieder ins Gleichgewicht zu bringen, und jeden Moment arbeitet er so intensiv wie möglich daran, das zu vollbringen. Die gute Nachricht ist: Heilung kann stattfinden, wenn wir den leidenschaftlichen Vorsatz haben, kerngesund und glücklich zu werden, und wenn die Grundvoraussetzungen für Gesundheit vorhanden sind.

Der Körper hat seine eigene Art zu wissen, es ist ein Wissen, das wenig mit Logik zu tun hat, aber viel mit Wahrheit, wenig mit Kontrolle, aber viel mit Akzeptieren, wenig mit Trennen und Analysieren, aber viel mit Verbundensein.

Marilyn Sewell

Der Körper-Geist (das Selbst) ist ein wunderbar angelegter, sich selbst heilender Organismus, der praktisch in allen Fällen jede gebotene Heilung und Harmonisierung vollzieht, wenn er die Voraussetzungen für Gesundheit vorfindet.

Unsere Selbstheilungsfähigkeiten sind sehr mächtig und warten immer nur darauf, entfesselt zu werden. Die

Selbstheilungskräfte des Körpers sind beharrlich und sind jeden Moment bestrebt, alle Arbeiten zu tun, um sich selber vollständig und schnell zu heilen.

Wenn wir aber mit unseren Selbstheilungskräften nicht in Kontakt sind und unsere Heilung nicht voranschreitet, sollten wir herausfinden, was dem im Wege steht.

Die Selbstheilungskräfte wirken von einem einzigen Ort, von innen heraus, und sie kommen meist dann voll zum Ausdruck, wenn du um die Quelle der Selbstheilungsintelligenz weißt. Sie hat viele Namen: Quelle, Schöpfer, Lebenskraft, Vitalkraft, angeborene Intelligenz, universelle Intelligenz, sogar Bauchgefühl.

Es spielt keine Rolle, wie wir sie nennen, die Kraft ist immer mit uns, darauf wartend, ihre Arbeit zu tun und zu vollenden. Das Ziel ist zu lernen, wie wir unsere Aufmerksamkeit nach innen richten und der Weisheit folgen, die uns immer heilsame Botschaften sendet.

Affirmation von Gesundheit

Wirkungsebene :
Das 1.Wurzel-Chakra/Energiezentrum hat im gesunden und harmonischen Zustand eine Schwingungsfrequenz von ca. 396 Hz. Die Energie der Affirmationen hat eine stabilisierende und erdende Kraft.

- Indem ich mich gut ernähre und darin übe, die Kraft meiner Gedanken einzusetzen, wird mein Körper jeden Tag stärker.

- Desto mehr ich mich auf Liebe und Dankbarkeit ausrichte, desto gesünder werde ich.

- Indem ich auf meinen Atem achte und seinen natürlichen Rhythmus zulasse, wird mein Körper revitalisiert und kräftig.

- Bewegung ändert meine Körperchemie und macht mich stärker und gesünder. Je mehr ich Bewegung zu einem Bestandteil meines täglichen Lebens mache, desto kräftiger werde ich.

- Ich gebe auf mich selber Acht, und so bin ich kerngesund.

- Mein Körper ist vollständig in der Lage, sich selbst

von allen Beschwerden zu heilen. Die angeborene Heilkraft meines Körpers ist grenzenlos.

- Indem ich auf meine angeborene Intelligenz höre, kann ich spüren, was mein Körper braucht und was meine Gesundheit zum Blühen bringt.

- Ich folge den Prinzipien meiner Ernährungsweise und werde jeden Tag gesünder und kräftiger.

- Gesundheit ist mein Geburtsrecht, egal, was ich erfahren mag. Ich habe jetzt die Kraft in mir, kerngesund zu sein.

- Ich bin gesund. Ich bin stark. Ich bin kerngesund und kann alles tun.

Blockaden beseitigen

◎ Ich werde aktiv aufgrund meiner inneren Führung.

◎ Es fällt mir leicht, Entscheidungen zu treffen.

◎ Ich finde gewinnbringende Lösungen.

◎ Ich erlebe jetzt eine neue Stufe von Klarheit, Wohlbefinden und Selbstvertrauen.

◎ Gefühle wie Selbstmitleid und Selbstvorwürfe lasse ich los. Ich weiß, ich kann jede Realität schaffen, die ich wähle.

◎ Ich weiß genau, was ich zu tun habe, um die Ergebnisse zu bewirken, die ich wünsche.

◎ Ich übernehme jetzt Verantwortung für mein Leben.

Wir hoffen, dass dir diese Affirmationen gefallen haben, und dass Du täglich damit üben und dir ein neues Leben voller Kraft und Stärke aufbaust und entfaltest.

Die Deutsche Heilerschule

Wir freuen uns, dass Sie Interesse an einem auf Energie-Therapie, Heilung und Bewusstseinsschulung ausgerichteten Programm zeigen. Seit vielen Jahren beschäftigt sich das Lehrerteam der Deutschen Heilerschule mit diesen Themen und hat gemeinsam ein Programm entwickelt, das Ihnen die Möglichkeit bietet, sich selbst auf allen Ebenen Ihres Daseins besser kennen zu lernen und gleichzeitig für sich eine neue, pionierhafte Berufsrichtung einzuschlagen, die immer mehr Anerkennung im komplementär-medizinischen Bereich findet.

Die „Deutsche Heilerschule – Bildungsinstitut für Energieheilkunde" wurde im Frühjahr 2005 gegründet. Sie ging aus der 2002 gegründeten deutschsprachigen Camelot Akademie" hervor.

In den vergangenen Jahren haben über 300 Studierende aus Deutschland, Österreich und Schweiz den Ausbildungslehrgang besucht bzw. zum Teil bereits abgeschlossen. Berufsleute aus ganz unterschiedlichen Richtungen, wie Lehrer, Ärzte, Krankenschwestern, Physio-

und Massagetherapeuten, Körpertherapeuten unterschiedlicher Richtungen, Psychologen und Psychiater, Sozialarbeiter, -pädagogen, Heilpädagogen, Heilpraktiker, Yogalehrer, Grafiker, Künstlerinnen, Computerfachleute, Handwerker, Bankfachleute, Mütter und Hausfrauen, Personen aus dem Management, Kauffrauen, Supervisoren etc. haben unsere Ausbildungsinhalte in ihre angestammten Berufe einfließen lassen, sich neben ihrem ursprünglichen Beruf ein zusätzliches Standbein geschaffen, um mehr ihrer inneren Berufung nachzugehen, oder haben sich auf dem Gebiet der Integrativen Energie-Therapie selbständig gemacht.

Wir stehen Ihnen für Fragen im Zusammenhang mit der Ausbildung gerne auch in einem persönlichen Gespräch zur Verfügung.

Alle Menschen sollten ein tieferes Wissen über einen gesunden Körper, gefühlsmäßige und geistige Zusammenhänge haben, um ihr Leben und das Zusammenspiel mit ihren Mitmenschen zu verstehen, um die Zeit, die sie auf dieser Welt verbringen, harmonisch mit sich und ihrer Familie und Freunden zu durchleben. Nachdem offensichtlich auch der Wissenschaft allmählich dämmert, dass unsere Welt nicht von Materie, sondern von Geist

oder vielmehr verdichteter Schwingung zusammenge-
halten wird, beginnt auch das alte Weltbild der materia-
listischen Medizin zu bröckeln. Krankheiten sind, um im
Sinne der „reformierten Medizin" zu sprechen, energe-
tische Störfelder oder disharmonische Schwingungszu-
stände und keine rein organischen Symptome.

Die Zukunft gehört der energetischen Medizin, die Be-
handlungen auf der „Mentalebene" vorsieht, um dort
vorhandene Dissonanzen energetisch wieder auszuglei-
chen, was zwangsläufig auch die körperliche Ebene
durchdringt. Die Komplementärmedizin bedient sich bereits heute der Methoden der energetischen Medizin,
wie z.B. der Humanenergetik, der Holistic Pulsing Thera-
pie, der Bioresonanz oder der Radionik.

Die Philosophie der Deutschen Heilerschule

Eine Garantie auf Heilung gibt es nicht, auch nicht im Rahmen schulmedizinischer Therapiekonzepte. Allerdings kann Geistiges Heilen zu Erfolgen beitragen, wenn es darum geht Kraft des Geistes und göttlicher Gnade schwere Krankheiten zu lindern oder zum Stillstand zu bringen.

Mit Hilfe des Geistigen Heilens Körper, Geist und Seele wieder in Einklang zu bringen und die Selbstheilungskräfte zu mobilisieren ist unser Ziel. Dabei ist die Qualitätssicherung oder auch Kontrolle, sowie Bestätigung dieser unterstützenden Heilungen durch die behandelnden Schulmediziner wichtiger Bestandteil unserer Philosophie.

In der Deutschen Heilerschule versuchen wir die optimale Betreuung jedes einzelnen Gastes zu gewährleisten durch inter-, beziehungsweise multidisziplinäre Kooperationen von Spezialisten, jeweils auf ihrem Gebiet des Geistigen Heilens.

Dieser Anspruch ist der Leitgedanke des täglichen Handelns in der Deutschen Heilerschule. Die Leitung der anerkannten Heilerschule, die im Teamgeist mit Humanenergetikern, Ärzten und Wissenschaftlern zusammenarbeitet, stellt sich dieser Herausforderung und Verantwortung Tag für Tag. Wir ergreifen jede Chance auf Heilung – möge sie noch so klein erscheinen.

In der Deutschen Heilerschule ergänzen wir die Wege der Schulmedizin mit Hilfe der Heilkräfte des Geistes.

Unsere Leistungen:

Wir bieten im Team und im multidisziplinären Netzwerk von Dozenten und Lehrern des Geistigen Heilens, ergänzende alternative Heilweisen sowie körperorientiere Therapieverfahren.

Unsere Philosophie:

In verantwortungsvoller Teamarbeit wird die optimale, individuell massgeschneiderte Ausbildung jeden Schülers gewährleistet.

Unser Leitsatz:

Körper, Geist und Seele wieder in Einklang zu bringen ist die Grundlage des Geistigen Heilens, und mobilisiert Genesung bringende Kräfte.

Unser Erfolg:

Unsere Schüler fühlen sich bei uns wohl und betreut, sie profitieren ebenso von der idyllischen Lage des Hauses wie von der konzentrierten Zuwendung durch die Ausbildungen und Seminare.

Alle Ausbildungen finden auf einem Niveau statt, welches nicht mit üblichen und in Mode gekommenen „New Age" Seminaren vergleichbar ist. Die Deutsche Heilerschule bringt Heiler und Therapeuten aus der Energieheilkunde hervor, die durch ihre Reife und ihre Ergebnisse herausragen. Um die hohe Qualität zu sichern sind die Gruppen geschlossen und auf 16 Teilnehmer begrenzt.

Vorkenntnisse im Geistigen Heilen sind keine Bedingung für die Ausbildung. Es wird erwartet, dass nach Beginn der Ausbildung die erworbenen Kenntnisse in die Praxis umgesetzt werden.

Leitbild der Heilerschule

Wir sind ein Aus- und Weiterbildungsinstitut, das im Gebiet der Komplementärmedizin angesiedelt ist, und eine Synthese von Energiekeilhunde-Heiltechniken und humanenergetischen Lehrinhalten erfahrungsorientiert vermittelt.

Philosophie

- Wir verstehen den Weg der Heilung als einen multidimensionalen Heilprozess, bei dem physische, emotionale, mentale und spirituelle Aspekte des Seins als untrennbares Ganzes betrachtet werden.

- Wir vertreten die Auffassung, dass ein Therapeut seine Klienten nur zu den Orten führen kann, die er in sich selbst im eigenen inneren Prozess erforscht hat.

- Wir stellen den Mensch in den Mittelpunkt.

- Wir legen Wert auf Toleranz, Respekt und Achtung vor der Einzigartigkeit unseres Gegenübers.

Unsere Schule

- Menschlichkeit, Warmherzigkeit und Authentizität sind Leitmotive für unseren Lehrkörper. Damit schaffen wir ein motivierendes Lernklima. Gut organisierte Strukturen unterstützen Lehrende und Studierende und schaffen dadurch die Voraussetzungen für einen optimalen Lernprozess.

- Wir begleiten die Studierenden mit viel Engagement und unterstützen sie, damit sie ihre Fähigkeiten entwickeln und ihr Potenzial entfalten können.

- Wir lassen neueste Erkenntnisse auf allen Fachgebieten laufend in unseren Unterricht einfliessen und gestalten diesen nach den heutigen Ansprüchen der Erwachsenenbildung.

Unsere Studierenden

- Wir vermitteln den Studierenden berufliche Kompetenzen, damit sie als Energie-Therapeuten in eigener Praxis arbeiten können. Wir unterstützen sie in ihrer Persönlichkeits- und Bewusstseinsentwicklung, damit sie ihre Sozialkompetenzen erweitern und dadurch die Qualität ihrer persönlichen und beruflichen Beziehungen bereichern und verbessern können, unabhängig davon, ob sie den Beruf des Energie-Therapeuten oder des Heilers ausüben werden.

- Wir pflegen einen offenen Umgang mit den Studierenden; ihre Anliegen sind willkommen und werden ernst genommen.

- Wir sind offen für Menschen verschiedener Altersstufen mit unterschiedlicher Vorbildung.

- Wir sind offen gegenüber jeglicher Art von Religion oder spiritueller Praxis, solange diese in positiver Absicht im Dienste der Menschheit ausgeübt wird.

Online unter **http://www.deutsche-heilerschule.de**

finden Sie ebenfalls Informationsmaterial zu allen Ausbildungen aus den Bereichen:

Human-Energetik

Ausbildung HumanQuantenenergetik & spirituellen Heiler

Vital-Energetik

Ausbildung Massagetherapeut
Ausbildung Holistic Pulsing

Psycho-Energetik

Ausbildung Beziehungs-Praktiker
Familienstellen & Aufstellungsworkshops

Meta-Energetik

Schamanismus-Ausbildung
Medialer Lebensberater Ausbildung
Reiki-Einweihung
Engel-Seminare

Bio-Energetik

Geologischer Berater

Heilkräuter-Berater

Räucher-Berater

CD´s und Bücher der Heilerschule

<u>Vielen Dank für DEIN VERTRAUEN</u>

Wir freuen uns sehr, wenn Du Interesse an diesen beschriebenen Techniken in dem Buch hast

Hier eine kleine Auswahl unserer Veröffentlichungen
mit der sagenhaften Unterstützung unserer Verleger:

Heile dich JETZT!

Heilung für unse-
ren Körper und
selbst lieben ler-
nen

1CD

ISBN:
978-3954710812

€ 14,95

ist der Schlüssel, um aktiv Lebensenergie in unsere Or-
gane, in unsere Chakren sowie der Aura zu steuern und
zu lenken. Wir Menschen nehmen diese Lebensenergie
- oder auch Prana - Chi - Äther genannt - am häufigsten

durch körperliche Aktivität und Bewegung auf. Mit den hier aufgesprochenen Techniken und Meditationen hat man die Möglichkeit, aktiv auf die Intensität der Lebensenergie Einfluss zu nehmen und somit:

- sich leichter körperlich und geistig zu entspannen
- körpereigene Selbstheilungsprozesse zu unterstützen
- sich energetisch zu reinigen und zu klären sowie zu stärken

Mit diesen gesprochenen Techniken auf dieser CD von Brigitte Seidl und Sebastian Lichtenberg können Sie die Lebensenergie zu einem bestimmten Organ, zu einem Energiezentrum oder auch Auraschicht lenken, und diesem Heilung, Gesundheit und Harmonie zu bringen.

Frei sein JETZT!

Befreie dich von
der Vergangenheit

1CD

ISBN:
978-3954710881

€ 17,95

Frei sein JETZT! - ist der Schlüssel, um uns von alten Mustern und Gewohnheiten des Denkens, Fühlens und Verhaltens zu befreien.

Freiheit ist das erste Gesetz des Himmels. Durch die neuen Methoden mit "Frei sein Jetzt", erhältst du genau

diese Möglichkeiten der persönlichen Freiheit, sowohl innerlich als auch äußerlich. Ordnung tritt wieder in

deinem Leben ein und die Leichtigkeit wird deine persönlichen Visionen beflügeln. Du wirst vom Fluss des Lebens getragen und erschaffst dein neues Leben ohne alten Ballast. JETZT!

- Einleitung Meditation: Frei sein bedeutet "Los-lassen"

- Technik: PowerHealing - Schnellreinigung von Emotionen

- Einleitung Meditation: Heilung mit der Kraft der Farben

- Technik: Loslassen von Wut, Ärger und Zorn

- Einleitung: Der Pfad der Erkenntnis

- Technik: Finde deinen Weg

  - Lass deine Träume wahr werden

  - Gestalte dein Leben neu

  - Erschaffe mit Leichtigkeit neue Möglich-keiten

Fülle JETZT!

Gestalte dein Leben neu!

1CD

ISBN:
978-3954711871

€ 17,95

sind neueste bislang unveröffentlichte Methoden, um deine Lebensziele zu verstärken. Immer wieder praktiziert und angehört, wandern sie tief in unser Unterbewusstsein und entwaffnen Zweifel und negative Glaubenssätze.

Mit diesen bewährten Methoden kannst DU spielerisch Deinem Leben eine neue Richtung zu mehr Fülle und Reichtum geben.

Wenn Du einmal die Kraft von "Fülle JETZT"! und damit die persönliche Macht gespürt hast, Dinge in deinem Leben nach deinem Willen auf spiritueller, emotionaler sowie mentaler und materieller Ebene zu verändern, erhältst du nicht nur ein außergewöhnlich wohltuendes

Selbstwertgefühl, Du wirst auch glücklicher und damit auch gesünder.

Diese Techniken sind geeignet für Themen wie Partnerschaft, Gesundheit, Geld und Beruf und vielem mehr:

- Wie verleihe ich meinen Visionen Kraft?
- Wie erschaffe ich Fülle in meinem Leben?
- Was sind meine wirklichen Herzenswünsche?

Geistige Heilung

Gestalte dein Leben neu!

3CD´s

ISBN:
978-3954712663

€ 24,95

Auf diesen 3 CD´s werden Techniken und Erfahrungen mit neuesten bislang unveröffentlichten Verfahren vermittelt, welche den Schlüssel für mehr Gesundheit, Freiheit und Fülle im Leben vermitteln. Es geht um eine Rückbesinnung zu unserem Lebenssinn um Körper, Geist und Seele zu heilen. Mit diesen Techniken erhält jeder Mensch die Möglichkeiten, weit über sich hinauszugehen was wir bis jetzt für möglich gehalten haben.

Der Schlüssel zum Aufspüren der krankheitsauslösenden Situation ist hier in den entwickelten Methoden zur Selbstheilung enthalten. Das bestätigt die Deutsche Heilerschule ebenso wie die Erfolge zahlreicher Menschen, denen sich die Heilerakademie seit vielen Jahren mit ihrer Heilungsarbeit Humanenergetik widmet. Das Hörbuch besteht aus drei Teilen:

Heile dich JETZT!
Frei sein JETZT!
Fülle JETZT!

Quantenheilung

1CD

ISBN:
978-3954712670

€ 19,95

Quantenheilung ist derzeit in aller Munde im Bereich Body-Mind-Spirit. Wie genau die Quantenheilungs-Techniken funktionieren, ist vielen aber nicht klar.

Die Gründer der Deutschen Heilerschule Sebastian Lichtenberg & Brigitte Seidl führen in einer logischen Konsequenz den Hörer dieser CD auf leicht verständliche und anschauliche Weise durch die notwendigen Schritte.

Kindermeditation

Fantasiereisen für Kinden

1CD

ISBN:
978-3954712687

€ 17,99

Kinder lieben und brauchen fantasievolle Reisen, um sich und ihre Umgebung kennenzulernen und zu erfahren und erfühlen. Egal ob ihr Kind Probleme im Kindergarten, in der Schule oder Familie hat.
Oft entstehen Stresssituationen und sie sehen sich konfrontiert mit Schlafstörungen, Unruhe, Aufmerksamkeitsdefizite sowie Ängste. Die perfekt aufeinander abgestimmte Musik und Worte führen das Kind die die Ruhe und in Welten des höheren Bewusstseins. Die Texte schaffen Vertrauen und Ausgeglichenheit. Diese CD enthält vier geführte Reisen und eine Geschichte, die einfühlsam und situationsunabhängig auf Buben und Mädchen zwischen 6 und 12 Jahren zugeschnitten sind.

Spirituelle Deutung

Lebens- und
Traumsymbolik

Buch

ISBN:
978-3942791076

€ 19,90

„Brigitte Seidl und Sebastian Lichtenberg bringen Licht
ins Dunkel unserer Träume..." sagt der renommierte
Quantenphysiker Dr. Michael König über dieses Buch
und trifft damit den Nagel auf den Kopf! „SPIRITUELLE
DEUTUNG - TRAUM UND LEBENSSYMBOLIK" ist mehr
als ein Nachschlagewerk.

Es bietet Ihnen über die unterstützende fachliche Be-
trachtung der Autoren sowie ein umfangreiches Schlag-
wortverzeichnis hinaus die Möglichkeit direkt selbst aktiv und zum Analytiker oder zur Analytikerin Ihrer
Träume zu werden.

Entwickeln Sie Expertise und Routine auf einem spannenden, erkenntnisreichen Gebiet. Das schließt natürlich auch die Traumdeutung für befreundete Menschen ein, macht dieses Buch zu einem wertvollen Geschenk oder bietet Ihnen gegebenenfalls auch eine unterstützende Grundlage für Ihre berufliche Praxis!

Ein typisches „Life Management" Buch welches den Leser motiviert zunächst selbst - und unabhängig - nach Lösungen zu suchen um sich Schritt für Schritt zum erfolgreichen Manager des eigenen Lebens zu entwickeln. Für mehr Lebensfreude und mehr Lebensqualität im Allgemeinen. Ich wünsche Ihnen viel Freude und Erfolg - in Ihrem Sinne.

Alexander Teetz Life-Coach, Verleger

Die Autoren:

Gründer der Deutschen Heilerschule, München

Brigitte Seidl Studien über Theosophie und Anthroposophie. Schulung von Wahrnehmung, Konzentration und Visualisierung. In Kairo Studium des Sufismus. Auf Zypern Ausbildung bei dem zypriotischen Heiler Daskalos. Ausbildung zur Metaphysischen Heilerin und Spirituellen Lebensberaterin sowie zur Atemenergetischen Therapeutin und Reiki-Meisterin. Matrix –Coach

Sebastian Lichtenberg, für seine Heilarbeit schöpft er seine Kenntnisse sowohl aus dem umfangreichen und alten Wissen des geistigen Heilens und der spirituellen Lebensberatung sowie aus den ergänzenden Ka-Huna Heilverfahren und der Medialen Psychometrie. Ausbildung zum Atemenergetischen Therapeuten und Reiki-Meister/Lehrer, Matrix-Coach

Kontakt zur Deutschen Heilerschule

Deutsche Heilerschule UG

Bildungsinstitut für Energieheilkunde

Uneringer Str. 1

82229 Seefeld

Telefon: 08152 – 980 178

Fax: 08152 – 794 225

www.deutsche-heilerschule.de

Download der Gratis-Meditation

Die kostenfrei e Meditation „der Baum der Reinigung, Kräftigung und Heilung" steht zum Download unter

http://www.deutsche-heilerschule.de zur Verfügung.

Der Baum ist ein uraltes archetypisches Symbol, das jeder Mensch für sein Wachstum nutzen kann. Nur wer mit beiden Beinen auf der Erde steht, also gut geerdet ist, kann hoch nach oben wachsen.

Zeitfracht Medien GmbH
Ferdinand-Jühlke-Straße 7
99095 Erfurt, Deutschland
produktsicherheit@kolibri360.de